最高人民检察院·教育部
"法治进校园"全国巡讲活动法治宣传系列图书

MANYOU WEICHENGNIANRENBAOHUFA

漫游《未成年人保护法》

最高人民检察院策划

福建省泉州市人民检察院◎编

中国检察出版社

图书在版编目（CIP）数据

漫游《未成年人保护法》/ 福建省泉州市人民检察院编 . -- 北京 : 中国检察出版社 , 2023.10
ISBN 978-7-5102-2928-2

Ⅰ . ①漫… Ⅱ . ①福… Ⅲ . ①未成年人保护法 — 基本知识 — 中国 Ⅳ . ① D922.7

中国国家版本馆 CIP 数据核字 (2023) 第 159502 号

漫游《未成年人保护法》 福建省泉州市人民检察院 / 编

出版发行：中国检察出版社
社　　址：北京市石景山区香山南路 109 号 (100144)
网　　址：中国检察出版社 (www.zgjccbs.com)
编辑电话：(010) 86423796
发行电话：(010) 86423726　　86423727　　86423728
　　　　　(010) 86423730　　86423732
经　　销：新华书店
印　　刷：北京联合互通彩色印刷有限公司
开　　本：889 mm× 1194 mm　　32 开
印　　张：1.75
字　　数：32 千字
版　　次：2023 年 10 月第一版　　2024 年 10 月第三次印刷
书　　号：ISBN 978-7-5102-2928-2
定　　价：18 .00 元

前言

　　未成年人朋友，你们的生活充满温暖的阳光，你们的成长伴随欢快的笑声，你们的脸庞展露天真的模样。父母关心着你们，师长关怀着你们，社会关注着你们，因为你们是我们大家的宝贝！

　　但是，生活并不总是阳光灿烂、和风细雨，违法犯罪就像天空中偶尔飘过的阴霾，给一些未成年人本应亮丽的人生投下几分暗影。有的未成年人因冲动去伤害他人，因好奇而窃取财物，因义气而结伙打架，在懵懂间违法犯罪，受到法律的严厉制裁。有的未成年人则成为违法犯罪行为的受害者，稚嫩的身心受到深深的伤害。无论是违法犯罪还是受到不法侵害，这些未成年人都是不幸的，让人感到惋惜和心疼。

　　为了减少这些不幸的发生，需要大家了解一定的法律知识，树立法治意识！法律在我们每个人身边，既是规范我们行为的标准，也是保护我们权利的武器。在开始成熟的花季里，你们要学法、守法，拒绝实施或参与各种违法犯罪活动；你们要知法、用法，增强保护自己的能力。

　　我们是检察官，是未成年人的朋友，保护大家是我们的职责。今天，我们把与未成年人有关的法律知识、自护技巧汇编成这样一本本小书，把法律送进校园，送到你的身边，希望对你有所帮助，伴随你长大成人！

最高人民检察院第九检察厅

目录

什么是未成年人六大保护?

2020 年 10 月 17 日, 第十三届全国人大常委会第二十二次会议修订通过《中华人民共和国未成年人保护法》, 形成了家庭保护、学校保护、社会保护、网络保护、政府保护、司法保护"六位一体"的未成年人保护新体系。该法于 2021 年 6 月 1 日起施行。

监护人

小美的弟弟出生了，爸爸每天早点回家和妈妈一起照顾小美和弟弟，一家人其乐融融。

检察官提示：
未成年人的父母或者其他监护人依法对未成年人承担监护职责，应当学习家庭教育知识，接受家庭教育指导，创造良好、和睦、文明的家庭环境。

——《未成年人保护法》第 7 条、第 15 条

监护职责

小美家温馨和谐，可对面邻居小肖一家却是另一番景象。肖叔叔脾气很差，经常打小肖出气。

爸爸陪你游花灯去！

三天不打，上房揭瓦！

检察官提示：
未成年人的父母或者其他监护人应当履行监护职责，不得虐待、遗弃、非法送养未成年人，不得对未成年人实施家庭暴力。

——《未成年人保护法》第16条、第17条

05

监护职责

肖叔叔酗酒又赌博，要把爷爷留给小肖的钱拿去赌博。

这次我一定要连本带利赢回来！

求求你别赌了，这可是他爷爷遗嘱留给孩子的呀！

检察官提示：
未成年人的父母或者其他监护人应当妥善管理和保护未成年人的财产，不得违法处分、侵吞未成年人的财产。

——《未成年人保护法》第16条、第17条

你自己在家里玩，我去买菜，很快就回来。

小肖妈妈独自照顾小肖，妈妈出去买菜，把5岁的小肖单独留在家里。

检察官提示：

未成年人的父母或者其他监护人不得使未满八周岁或者由于身体、心理原因需要特别照顾的未成年人处于无人看护的状态。应当为未成年人提供安全的家庭生活环境，及时排除引发触电、烫伤、跌落等伤害的安全隐患。

——《未成年人保护法》第18条、第21条

特殊注意义务

小肖的爸妈闹离婚了，却不能好聚好散，为了财产分配和抚养权大打出手，小肖很痛苦。

检察官提示：

未成年人的父母离婚时，应当妥善处理未成年子女的抚养、教育、探望、财产等事宜，听取有表达意愿能力未成年人的意见。不得以抢夺、藏匿未成年子女等方式争夺抚养权。

——《未成年人保护法》第24条

检察官提示：

未成年人的父母或者其他监护人不得使未满十六周岁的未成年人脱离监护单独生活，因外出务工等原因在一定期限内不能完全履行监护职责的，应当委托具有照护能力的完全民事行为能力人代为照护；与未成年人、被委托人至少每周联系和交流一次，了解未成年人的生活、学习、心理等情况，并给予未成年人亲情关爱。

——《未成年人保护法》第 21 条、第 22 条、第 23 条

义务教育

检察官提示：
学校应当保障未成年学生受教育的权利，不得违反国家规定开除、变相开除未成年学生。学校应当对尚未完成义务教育的辍学未成年学生进行登记并劝返复学，劝返无效的，应当及时向教育行政部门书面报告。

——《未成年人保护法》第28条

安全管理

学校定期组织安全演练，每次小美和同学们都很认真参加。

检察官提示：

学校、幼儿园应当根据需要，制定应对自然灾害、事故灾难、公共卫生事件等突发事件和意外伤害的预案，配备相应设施并定期进行必要的演练。

——《未成年人保护法》第37条

13

学校关爱

检察官提示:
学校应当关心、爱护未成年学生,不得因家庭、身体、心理、学习能力等情况歧视学生。对家庭困难、身心有障碍的学生,应当提供关爱;对行为异常、学习有困难的学生,应当耐心帮助。学校应当配合政府有关部门建立留守未成年学生、困境未成年学生的信息档案,开展关爱帮扶工作。

——《未成年人保护法》第29条

小美在图书角看了防性侵普法画册，想起昨天上学路上在巷子里遇到一个坏人向她暴露生殖器。她找老师说了这件事，老师赶紧报警并向教育局报告。

检察官提示：

学校、幼儿园应当建立预防性侵害、性骚扰未成年人工作制度。对性侵害、性骚扰未成年人等违法犯罪行为，学校、幼儿园不得隐瞒，应当及时向公安机关、教育行政部门报告，并配合相关部门依法处理。学校、幼儿园应当对未成年人开展适合其年龄的性教育，提高未成年人防范性侵害、性骚扰的自我保护意识和能力。对遭受性侵害、性骚扰的未成年人，学校、幼儿园应当及时采取相关的保护措施。

——《未成年人保护法》第40条

性侵害预防

15

学生欺凌防控

看到学校里防治校园欺凌专题的黑板报，小东想起自己被欺负的场景。他鼓起勇气向老师求助，老师随后教育了欺凌者。

检察官提示：
学校应当建立学生欺凌防控工作制度，对教职员工、学生等开展防治学生欺凌的教育和培训。

——《未成年人保护法》第39条

心理咨询

有什么是我可以帮你的吗?

被嘲笑欺凌后，我不想上学……

被欺凌给小东造成了心理阴影，学校心理咨询室的老师对他进行心理疏导。

关注心理健康

检察官提示：
学校应当根据未成年学生身心发展特点，进行社会生活指导、心理健康辅导、青春期教育和生命教育。

——《未成年人保护法》第30条

社会保护篇

儿童阅读区

呵护幼苗，
拒绝有毒有害读物

未成年人社会福利待遇

检察官提示：
城市公共交通以及公路、铁路、水路、航空客运等应当按照有关规定对未成年人实施免费或者优惠票价。

——《未成年人保护法》第45条

21

走失警报

这是公共场所未成年人走失警报搜救系统,可以迅速组织人员,帮助走失的小朋友找到家人。

妈妈,这是什么?

未成年人走失警报搜救系统

姓名:小弟
性别:男
特征:白衬衫,蓝色长裤
联系方式:123456789

小美在旅游景点发现了公共场所未成年人走失警报搜救系统。

检察官提示:

大型的商场、超市、医院、图书馆、博物馆、科技馆、游乐场、车站、码头、机场、旅游景区景点等场所运营单位应当设置搜寻走失未成年人的安全警报系统。

场所运营单位接到求助后,应当立即启动安全警报系统,组织人员进行搜寻并向公安机关报告。

——《未成年人保护法》第 56 条

为了保护未成年人安全，游乐设施要定期做好检修。

检修中

妈妈，我要玩!

在游乐场里，小美看到旋转木马，想去玩，但是旋转木马正在检修，不能玩。

公共场所安全保障

检察官提示：
生产、销售用于未成年人的食品、药品、玩具、用具和游戏游艺设备、游乐设施等，应当符合国家或者行业标准，不得危害未成年人的人身安全和身心健康。对可能存在安全风险的设施，应当定期进行维护。
——《未成年人保护法》第55条、第56条

从业查询

24

很有趣的，一起进来玩？

不要，我们还未成年。

路过一家酒吧，小美看到有人要拉未成年的哥哥和姐姐到酒吧里玩，还要请他们抽烟，哥哥、姐姐果断拒绝了。

检察官提示：

禁止向未成年人销售烟、酒、彩票或者兑付彩票奖金。

营业性歌舞娱乐场所、酒吧、互联网上网服务营业场所等不适宜未成年人活动的场所不得设置在学校、幼儿园周边，不得允许未成年人进入。

——《未成年人保护法》第58条、第59条

不适宜未成年人场所限制 禁售烟、酒、彩票

强制报告

光明客栈

请问您是孩子的什么人？

小美玩累了，爸爸带她准备入住酒店休息。服务员要求出示身份证，询问他与小美的关系。

检察官提示：

旅馆、宾馆、酒店等住宿经营者接待未成年人入住，或者接待未成年人和成年人共同入住时，应当询问父母或者其他监护人的联系方式、入住人员的身份关系等有关情况；发现有违法犯罪嫌疑的，应当立即向公安机关报告，并及时联系未成年人的父母或者其他监护人。

——《未成年人保护法》第57条

培养未成年人网络素养

检察官提示：
国家、社会、学校和家庭应当培养和提高未成年人的网络素养，预防未成年人沉迷网络。未经学校允许，未成年学生不得将手机等智能终端产品带入课堂，带入学校的应当统一管理。

——《未成年人保护法》第64条、第70条、第71条

小东迫不及待地想玩手机游戏，他用自己的身份信息注册了账号，搜索了一款热门暴力血腥游戏，未成年人保护模式提示，禁止小东登录这款游戏。

未成年人保护模式

检察官提示：

未成年人的父母或者其他监护人应当通过在智能终端产品上安装未成年人网络保护软件、选择适合未成年人的服务模式和管理功能等方式，避免未成年人接触危害或者可能影响其身心健康的网络信息，合理安排未成年人使用网络的时间，有效预防未成年人沉迷网络。

国家建立统一的未成年人网络游戏电子身份认证系统。网络游戏服务提供者应当要求未成年人以真实身份信息注册并登录网络游戏。

——《未成年人保护法》第 71 条、第 75 条

29

网络沉迷预防和干预

未成年人防沉迷
未成年人使用时限已到，你将被强制下线！

小东玩了一会儿手机，系统提示未成年人游戏时间限制已到，小东只能停下来。

检察官提示：

网络产品和服务提供者应当针对未成年人使用其服务设置相应的时间管理、权限管理、消费管理等功能。

网络游戏服务提供者应当对游戏产品进行分类，作出适龄提示，并采取技术措施，不得让未成年人接触不适宜的游戏或者游戏功能，不得在每日二十二时至次日八时向未成年人提供网络游戏服务。

——《未成年人保护法》第74条、第75条

小东在某社交网站注册了账号，想要上传个人信息，被同学小美的爸爸制止了。

个人信息安全

检察官提示：
信息处理者通过网络处理不满十四周岁未成年人个人信息的，应当征得未成年人的父母或者其他监护人同意。

——《未成年人保护法》第72条

直播账号注册服务限制

等你满十六周岁才可以!

直播间

我要直播当网红赚钱,怎么注册不了?

小东想通过网络直播当网红,发现自己注册不了直播发布账号。

检察官提示:

网络直播服务提供者不得为未满十六周岁的未成年人提供网络直播发布者账号注册服务;为年满十六周岁的未成年人提供网络直播发布者账号注册服务时,应当对其身份信息进行认证,并征得其父母或者其他监护人同意。

——《未成年人保护法》第76条

小东爸爸发现有人在某网络平台发布侮辱小东的视频，爸爸向网络平台反映，要求删除。

检察官提示：

任何组织或者个人不得通过网络以文字、图片、音视频等形式，对未成年人实施侮辱、诽谤、威胁或者恶意损害形象等网络欺凌行为。

遭受网络欺凌的未成年人及其父母或者其他监护人有权通知网络服务提供者采取删除、屏蔽、断开链接等措施。网络服务提供者接到通知后，应当及时采取必要的措施制止网络欺凌行为，防止信息扩散。

——《未成年人保护法》第77条

禁止网络欺凌

民政临时监护

别担心，我们会照顾好你，直到你家人痊愈回家。

我父母生病住院，没人能照顾我了。

刺桐民政局

小东的父母因生病住进医院了，家里没人能照顾小东，民政部门对小东进行临时监护。

检察官提示：

监护人因自身客观原因或者因发生自然灾害、事故灾难、公共卫生事件等突发事件不能履行监护职责，导致未成年人监护缺失的，民政部门应当依法对未成年人进行临时监护。

——《未成年人保护法》第92条

一个父母双亡儿童在民政长期监护一年多后，民政局工作人员依法将其交由符合条件的一对夫妻收养，并帮其办理了领养手续。

检察官提示：

监护人死亡或者被宣告死亡且无其他人可以担任监护人，民政部门应当依法对未成年人进行长期监护。

民政部门进行收养评估后，可以依法将其长期监护的未成年人交由符合条件的申请人收养。

收养关系成立后，民政部门与未成年人的监护关系终止。

——《未成年人保护法》第94条、第95条

未成年人保护、专人专岗

我是社区未成年人保护专员，我来帮您联络。

我们想结对帮扶困难儿童，请问应该怎么做？

小美看到家庭经济困难的小孩，觉得他们好可怜，跟妈妈提出想用自己的零用钱帮助那些有困难的小孩，社区未成年人保护专员帮她们联络。

未成年人保护工作站

检察官提示：
县级以上人民政府承担未成年人保护协调机制具体工作的职能部门应当明确相关内设机构或者专门人员，负责承担未成年人保护工作。乡镇人民政府和街道办事处应当设立未成年人保护工作站或者指定专门人员，及时办理未成年人相关事务；支持、指导居民委员会、村民委员会设立专人专岗，做好未成年人保护工作。

——《未成年人保护法》第81条

如果你们遇到有未成年人需要帮助，或者要帮助未成年人，可以拨打全国未成年人保护热线电话。

未成年人保护热线

小美从未成年人保护专员处得知未成年人保护热线电话。

检察官提示：
县级以上人民政府应当开通全国统一的未成年人保护热线，及时受理、转介侵犯未成年人合法权益的投诉、举报；鼓励和支持人民团体、企业事业单位、社会组织参与建设未成年人保护服务平台、服务热线、服务站点，提供未成年人保护方面的咨询、帮助。
——《未成年人保护法》第97条

未成年人保护热线电话

卫生健康保障

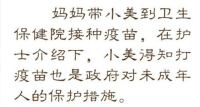

妈妈带小美到卫生保健院接种疫苗，在护士介绍下，小美得知打疫苗也是政府对未成年人的保护措施。

疫苗有助于防治疾病，这是政府对我们的保护，小朋友要勇敢哦。

好疼呀，我不想打疫苗！

疫苗接种处

检察官提示：

各级人民政府及其有关部门应当对未成年人进行卫生保健和营养指导，提供卫生保健服务。卫生健康部门应当依法对未成年人的疫苗预防接种进行规范，防治未成年人常见病、多发病，加强传染病防治和监督管理，做好伤害预防和干预，指导和监督学校、幼儿园、婴幼儿照护服务机构开展卫生保健工作。

——《未成年人保护法》第90条

学校及周边安全保障

妈妈告诉小美，政府应当保障校园安全，小美想起学校门口的马路上，上学放学的时候总有交警叔叔护送，这也是对未成年人保护的体现。

检察官提示：

地方人民政府及其有关部门应当保障校园安全，监督、指导学校、幼儿园等单位落实校园安全责任，建立突发事件的报告、处置和协调机制。公安机关和其他有关部门应当依法维护校园周边的治安和交通秩序，设置监控设备和交通安全设施，预防和制止侵害未成年人的违法犯罪行为。

——《未成年人保护法》第87条、第88条

司法保护篇

司法救助

未成年人司法保护机构

检察官提示：

公安机关、人民检察院、人民法院和司法行政部门应当依法履行职责，保障未成年人合法权益。

——《未成年人保护法》第100条

44

刺桐花书院

上课瞌睡，下课颓废，迟到早退，难教也。

先生，肖公子求学期间表现如何？

检察官在办理涉未成年人案件时，向未成年犯罪嫌疑人的老师了解其平时表现。

检察官提示：

公安机关、人民检察院、人民法院和司法行政部门应当确定专门机构或者指定专门人员，负责办理涉及未成年人案件。办理涉及未成年人案件的人员应当经过专门培训，熟悉未成年人身心特点。

——《未成年人保护法》第101条

刑事案件中的未成年人保护

刑事案件中的未成年人保护

检察官提示:

公安机关、人民检察院、人民法院应当与其他有关政府部门、人民团体、社会组织互相配合,对遭受性侵害或者暴力伤害的未成年被害人及其家庭实施必要的心理干预、经济救助、法律援助、转学安置等保护措施。

——《未成年人保护法》第111条

支持起诉撤销监护权制度

检察机关支持长期被家暴的母亲起诉撤销有暴力倾向父亲的监护权。

检察官提示：

未成年人合法权益受到侵犯时，检察机关可以督促支持起诉。

未成年人的父母或者其他监护人不依法履行监护职责或者严重侵犯被监护的未成年人合法权益的，人民法院可以根据有关人员或者单位的申请，依法作出人身安全保护令或者撤销监护人资格。

被撤销监护人资格的父母或者其他监护人应当依法继续负担抚养费用。

——《未成年人保护法》第106条、第108条

司法监督 检察建议

让我们携手共护校园安全。

检察机关就校园安全管理向教育局提出检察建议。

检察建议书

守护孩子，责无旁贷。

教育局局长

检察官提示：

公安机关、人民检察院、人民法院和司法行政部门发现有关单位未尽到未成年人教育、管理、救助、看护等保护职责的，应当向该单位提出建议。被建议单位应当在一个月内作出书面回复。

——《未成年人保护法》第114条

未成年人权益受到侵犯，涉及公共利益的，人民检察院有权提起公益诉讼。

我很多朋友都文了。

你文成这样以后怎么当兵呀？

向未成年人提供文身服务，不利于未成年人的成长与发展，也是损害社会公共利益的行为，检察机关对此提起了公益诉讼。

检察官提示：

未成年人合法权益受到侵犯，相关组织和个人未代为提起诉讼的，人民检察院可以督促、支持其提起诉讼；涉及公共利益的，人民检察院有权提起公益诉讼。

——《未成年人保护法》第106条

文身服务提供者应当在显著位置标明不向未成年人提供文身服务。对难以判明是否是未成年人的，应当要求其出示身份证件。

——《未成年人文身治理工作办法》第5条

未成年人保护公益诉讼

普法宣传

检察官开展"法治进校园"活动。

"法治进校园"全国巡讲活动

远离校园暴力

检察官提示：
公安机关、人民检察院、人民法院和司法行政部门应当结合实际，根据涉及未成年人案件的特点，开展未成年人法治宣传教育工作。

——《未成年人保护法》第115条